Learn
Spanish
With
Jokes
1

Jeremy Taylor

Language Learning Joke Books

gojokes.eu

Introduction

Do you speak a bit of Spanish? Did you learn some at school which you use, badly, when in a Spanish speaking country? Wouldn't it be great to have a better knowledge of Spanish?

Many experts see reading as one of the best ways to improve your language skills, and not just your reading. Your speaking, listening and writing skills can all improve if you read. Some people try to read a novel in Spanish and are quickly put off by the long, complex sentence structure and vocabulary that they don't even know in English. If only there was something easy to read. Something that was enjoyable. Something to read without needing a dictionary every 15 seconds.

Welcome to **Learn Spanish with Jokes** - a collection of 100 jokes in simple Spanish. In some cases a translation is given after the joke and you should try to understand any other unknown words from the context.

Jokes often require a fall guy and in this book the 'director de escuela' (headmaster) is the funny man who always gets things wrong.

Treat the book like a swimming pool. Dip in and out and it will be an enjoyable experience. Stay in too long and it is not as much fun.

Happy reading and hopefully you'll have more fun learning Spanish with this book than you ever did at school.

JT 2020

1.

Profesor: ¿Dónde vive Dios?

Niño: Creo que vive en nuestro baño.

Profesor: ¿Por qué dices eso?

Niño: Bueno, todas las mañanas mi papá llama a la puerta y dice:

- ¡Dios!, ¿todavía estás ahí dentro?

llamar = to knock

1.

Teacher: Where does God live?

Little boy: I think he lives in our bathroom.

Teacher: Why do you say that?

Little boy: Well, every morning my daddy bangs on the door and says, 'God, are you still in there?'

2.

Niño: Perdone profesor, ¿castigaría usted a alguien por algo que no ha hecho?

Profesor: Claro que no.

Niño: Bueno, pues no he hecho mis deberes.

castigar – to punish

2.

Boy: Excuse me teacher, would you punish someone for something they haven't done?

Teacher: Of course not.

Boy: Good, I haven't done my homework.

3.

- Mamá, mamá, ¿puedo ponerme sujetador ahora que tengo dieciséis años?

- No, David

sujetador = a bra

3.

"Mummy, can I wear a bra now that I'm sixteen?"

"No, David."

4.

- Mamá, mamá, no me gusta la carne, ¿puedo dársela al perro?

- No cariño, esto es el perro.

4.

"Mummy, I don't like this meat. Can I give it to the dog?"

"No, dear, that is the dog."

5.

- ¡He perdido mi perro!

- Deberías poner un anuncio en el periódico.

- ¡Tonto! No sabe leer.

un anuncio = an ad

5.

"I've lost my dog!"

"You should put an advertisement in the newspaper."

"That's crazy! He can't read."

6.

"¡Me da igual como te llames. No andes sobre el agua mientras estoy pescando!"

6.

I don't care what your name is. Don't walk on the water while I'm fishing!

7.

¿Te sabes la del ratón que vio un murciélago y corrió a casa diciéndole a su madre que había visto un ángel?

un murciélago – a bat

7.

Did you hear about the mouse that saw a bat and ran home to tell its mother that it had seen an angel?

8.

"¡Doctor, doctor, ya no siento mis piernas!"

"No me extraña, le hemos amputado los brazos"

8.

"Doctor, doctor, I can't feel my legs!"

"I'm not surprised, we amputated your arms."

9.

Un hombre de ochenta años de edad fue a ver a su médico.

- Voy a casarme la semana que viene, doctor.

- Muy bien – dijo el médico – Y ¿cuántos años tiene su novia?

- Dieciocho – respondió el hombre.

- ¡Dios! – dijo el médico – debo advertirle que cualquier actividad en la cama podría ser fatal.

- Bueno – dijo el hombre – si se muere, allá ella.

casar = to marry

9.

A man of eighty visited his doctor. "I'm going to be married next week, doctor."

"Very good," said the doctor. "How old is your lady friend?"

"Eighteen," replied the man.

"My goodness!" said the doctor. "I should warn you that any activity in bed could be fatal."

"Well," said the man. "If she dies, she dies."

10.

"¿Hola doctor, ha sido un éxito mi operación?

"Lo siento, amigo. Me llamo San Pedro."

10.

"Hello doctor, was my operation a success?"

"Sorry, mate. My name's Saint Peter."

11.

- ¡Doctor, doctor, todo el mundo dice que miento!

- No me lo creo.

mentir – to tell lies

11.

"Doctor, doctor, everyone says I tell lies!"

"I don't believe you."

12.

Una maestra estaba sentada en un autobus.
Estaba casi segura de reconocer al hombre que
tenía enfrente. "Perdón," le dijo "¿pero es usted el
padre de uno de mis hijos?"

reconocer – to recognise

12.

A primary school teacher was sitting on a bus. She was fairly sure that she recognised the man opposite her. "Excuse me," she said, "but are you the father of one of my children?"

13.

- ¡Doctor, doctor, estoy perdiendo la memoria!

- Mm, ¿cuándo comenzó eso?

- ¿Cuándo comenzó qué?

perder – to lose

13.

"Doctor, doctor, I keep losing my memory!"

"Mmmm, when did this start?"

"When did what start?"

14.

Los médicos tienen muchos enemigos en este mundo – pero muchos más en el otro.

Un enemigo – an enemy

14.

Doctors have many enemies in this world, but a lot more in the next.

15.

¿Sabes el chiste de la luciérnaga que murió intentando hacer el amor con un cigarro encendido?

luciérnaga - glowworm

15.

Did you hear about the glow-worm that died trying
to make love to a lighted cigar?

16.

- ¿Qué hora es cuando se sientan seis elefantes en tu barrera?

- Es hora de comprar otra verja.

barrera – a fence

16.

What time is it when six elephants sit on your fence?

It's time to buy a new one.

17.

¿Como se abrazan dos erizos?

Con mucho cuidado.

un erizo – a hedgehog

con cuidado - carefully

17.

How do hedgehogs hug each other?

Very carefully.

18.

- Dígame, doctor, ¿cuándo tiempo me queda de vida?

- Es difícil decirlo, pero yo en su lugar no empezaría a ver ninguna serie de televisión.

empezar = to start

18.

"Tell me, doctor, how long will I live?"

"It's difficult to say, but if I were you I wouldn't start watching any TV serials."

19.

Chica: - Besas como una estrella de cine.

Chico: - ¿De veras?

Chica: - Si. Lassie.

19.

Girl: You kiss just like a film star.

Boy: Really?

Girl: Yes, Lassie.

20.

No llevo pieles porque no me gusta la idea de llevar ropa de segunda mano.

pieles - furs

20.

I don't wear furs because I don't like the idea of secondhand clothes.

21.

Un hombre pasó veinte años en prisión. Cuando le pusieron en libertad le dieron su ropa vieja. En el bolsillo encontró un resguardo de una zapatería.

- Quizás la zapatería todavía esté allí, en el mismo sitio, y tal vez aún tengan mis zapatos – pensó.

Fue y en efecto, el zapatero todavía estaba allí.

- He estado de vacaciones mucho tiempo y quisiera saber si tiene mis zapatos.

El viejo fue al fondo de la tienda y regresó dos minutos después:

- Estarán listos el jueves.

bolsillo - pocket

zapatería - shoe repair shop

21.

A man had been in prison for twenty years. When he left they gave him his old clothes. In the pocket he found a ticket from a shoe repair shop. Perhaps the shop is still there. Perhaps they still have my old shoes, he thought to himself. So off he went and sure enough it was there. "I've been on holiday for a long time, I wonder if you have my shoes?" asked the man.

The old man went into the back of the shop and came back after two minutes. "They'll be ready on Thursday."

22.

Pregunta: ¿Qué le darías a un hombre que lo tiene todo?

Respuesta: Penicilina

22.

What do you give a man who has everything?

Answer: Penicillin.

23.

Chico: - ¿Me quieres?

Chica: - Claro que te quiero.

Chico: - ¿Cuánto tiempo vas a quererme?

Chica: - Te querré siempre.

Chico: - ¿Cuánto tiempo es siempre?

Chica: - Digamos que una semana.

23.

Boy: Do you love me?

Girl: Of course I love you.

Boy: How long will you love me for?

Girl: I will love you forever.

Boy: How long is forever?

Girl: About a week.

24.

¿Te sabes la del director de escuela que trabajaba en una fábrica de cerillas? "Esta funciona… Esta funciona…Esta funciona…"

una fábrica de cerillas – a match factory

24.

Did you hear about the headmaster that worked in a match factory? "This one works... This one works... This one works..."

25.

¿Sabes el chiste del director de escuela que
intentaba planchar sus cortinas?

Se cayó por la ventana.

planchar - to iron

cortinas – curtains

25.

Did you hear about the headmaster who tried to iron his curtains?

He fell out of the window.

26.

-¿Qué tiene una vaca después de cumplir cinco años?

- No lo sé.

- Seis años.

26.

"What is a cow after it is five years old?"

"I don't know."

"Six years old."

27.

- ¿Cómo se pueden meter cuatro elefantes en un mini?

- No lo sé.

- Dos delante y dos detrás.

27.

"How do you get four elephants into a mini?"

"I don't know."

"Two in the front and two in the back."

28.

- ¿Cómo se pueden meter cuatro jirafas en un mini?

- ¿Dos delante y dos detrás?

- Imposible, está lleno de elefantes.

28.

"How do you get four giraffes into a mini?"

"Two in the front and two in the back?"

"No, you can't. It's already full of elephants."

29.

Caníbal: - Mamá, no me gusta mi hermana pequeña.

Madre caníbal: - Pues déjala en un rincón del plato.

29.

Cannibal: Mummy, I don't like my little sister.

Mother cannibal: Well, leave her on the side of your plate.

30.

- ¿Crees que algún día la televisión reemplazará a los periódicos?

- Probablemente

- No, no lo hará ¿Has intentado alguna vez matar moscas con una televisión?

matar – to kill

30.

"Will television ever replace newspapers?"

"Probably."

"No, it won't. Have you ever tried to kill flies with a television?"

31.

Un gorila entró en un bar y dijo:

- Quisiera una cerveza, por favor.

- Con mucho gusto señor, son 60 euros, por favor.

El gorila pagó y comenzó a beber.

- No vemos muchos gorilas por aquí – dijo el camarero.

- No me sorprende – dijo el gorila - ¡a 60 euros la cerveza!

31.

A gorilla went into a pub and said to the barman, "I'd like a pint of beer, please."

"Certainly, sir, that'll be ten pounds, please."

The gorilla paid the money and started to drink his beer.

"We don't get many gorillas in here," said the barman.

"I'm not surprised," said the gorilla, "if you charge ten pounds a pint."

32.

¿Cuál es la diferencia entre una fresa y un elefante?

Una es roja y el otro es gris.

32.

"What's the difference between a strawberry and an elephant?"

"One is red and one is grey."

33.

¿Qué dijo el director de escuela cuando un rebaño de elefantes venía por la colina?

- ¡Ahí viene un rebaño de fresas!

Era daltónico.

rebaño - herd

daltónico - colour blind

33.

What did the headmaster say when he saw a herd of elephants coming over the hill?

"Here come a herd of strawberries!"

He was colour blind.

34.

Señora aristócrata (al mayordomo): - James, quítate el abrigo.

James: - Sí señora.

Señora aristócrata: - James, quítate los zapatos

James: - Sí señora.

Señora aristócrata: - James, quítate el vestido.

James: - Sí señora.

Señora aristócrata: - James, quítate el sujetador.

James: - Sí señora.

Señora aristócrata: - James, quítate la ropa interior

James: - Sí señora.

Señora aristócrata: - Y James…

James: - ¿Sí señora?

Señora aristócrata: - ¡No vuelvas a ponerte mi ropa!

ropa interior - underwear

34.

Posh lady: (To servant) James, take off my coat.

James: Yes m'lady.

Posh lady: James, take off my shoes.

James: Yes m'lady.

Posh lady: James, take off my dress.

James: Yes m'lady.

Posh lady: James, take off my bra.

James: Yes m'lady.

Posh lady: James, take off my underwear.

James: Yes m'lady.

Posh lady: And James...

James: Yes m'lady?

Posh lady: Don't wear my clothes again.

35.

¿Cómo le llamas a un director de escuela debajo de una carretilla?

Un mecánico

un mecánico - a mechanic

35.

What do you call a headmaster under a wheelbarrow?

A mechanic.

36.

¿Sabes el chiste del director de escuela que se quemó una oreja?

Estaba planchando su ropa cuando sonó el teléfono.

36.

Did you hear about the headmaster who burnt his ear?

He was ironing his clothes when the telephone rang.

37.

La vida es una enfermedad de transmisión sexual.

transmitir – to transmit

una enfermedad - a disease

37.

Life is a sexually transmitted disease.

38.

- ¿Mamá, Por qué todos los cuentos empiezan con la frase «Érase una vez…»?

- No todos, los de tu padre siempre empiezan con la frase «Tenía que trabajar hasta muy tarde en la oficina…»

38.

"Mummy, why do all fairy tales begin with, 'Once upon a time'?"

"They don't. The ones your father tells always begin with, 'I had to work late at the office'..."

39.

Un doctor estaba en un restaurante y noto que una camarera se rascaba las manos sin parar. "¿Tienes eczema?" le pidió el médico.

"Si no está en el menú, es que no tenemos," contesto la camarera.

rascarse - to scratch

39.

A doctor went into a restaurant and noticed that the waitress kept scratching her hands. "Have you got eczema?" asked the doctor.

"If it's not on the menu, we haven't got it," replied the waitress.

40.

"¿Camarero, tiene ancas de rana?"

"Si, señor."

"Pues, salte por aquí encima y tráigame una botella de vino."

una rana – a frog

40.

"Waiter, do you have frogs' legs?"

"Yes, sir."

"Well jump over there and get me a bottle of wine."

41.

Nunca hagas hoy lo que puedas hacer mañana.

41.

Never do today what you can put off until tomorrow.

42.

En un tren entre Madrid y Barcelona estaban dos personas, un hombre y una mujer. Al cabo de unos minutos el hombre dijo, "¿Perdone, señora, me daría un beso por una libra?"

"¡No, no lo haría!" contesto la mujer.

Unos minutos más tarde el hombre pregunto, "¿Me daría un beso por diez mil libras?"

La mujer reflexiono un momento y dijo "Si, pienso que lo haría."

Unos minutos más tarde el hombre pregunto "¿Me daría un beso por dos libras?"

"¡De ninguna manera!" contesto ella. "Qué tipo de mujer piensa que soy yo?"

"¡Ya lo sé!" dijo él. "Estoy solamente intentando fijar un precio."

Daría un beso - Would you kiss me

fijar un precio - to fix the price

42.

On a train from Madrid to Barcelona there were two people, a man and a woman. After a few minutes the man said, "Excuse me, madam, would you kiss me for one pound?"

"No, I wouldn't!" replied the woman.

A few minutes later the man asked, "Would you kiss me for ten thousand pounds?"

The woman thought for a while and then said, "Yes, I think I would."

A few minutes later the man asked, "Would you kiss me for two pounds?"

"Certainly not! "she replied. "What sort of woman do you think I am?"

"I know that already," said the man. "I'm only trying to fix the price."

43.

Un hombre conducía su coche sobre una carretera de la campiña cuando de repente surgió un gallo frente a él. Desafortunadamente no pudo parar con tiempo y atropello al gallo. El hombre paro el coche y fue hasta la granja más cercana.

"¡Lo siento mucho!" dijo el hombre. "Acabo de matar a su gallo. Comprendo que debe de ser muy importante para usted, por eso quiero sustituirlo."

"Gracias por la oferta," dijo el granjero. "Pero pienso que sería mejor que comprara otro gallo."

un gallo - a cockerel

atropellar - to run over

sustituir - to replace

43.

A man was driving his car along the road in the countryside when suddenly a cockerel ran in front of his car. Unfortunately, he couldn't stop in time and he ran over the cockerel. The man stopped his car and walked to the farmhouse nearby.

"I'm terribly sorry," said the man. "But I've just killed your cockerel. I realise he must be very important to you, so I'd like to replace him."

"Thanks for your offer," said the farmer. "But I think I ought to get another cockerel."

44.

Un indio andaba por el desierto cuando vio a un amigo suyo boca bajo, una oreja pegada al suelo.

Su amigo: una diligencia muy grande pasó por aquí hace dos horas.

El indio: eres increíble. Estás aquí boca bajo con la oreja pegada al suelo y sabes que diligencia muy grande paso por aquí hace dos horas. ¿Dime, cómo lo sabes?

Su amigo: me atropelló la cabeza.

un desierto - a desert

una diligencia - a stagecoach

44.

A Native American was walking through the desert when he saw his friend lying on the ground, his ear to the ground.

His friend: A big stagecoach passed here two hours ago.

Native American: You are amazing! You lie on the ground with your ear to the ground and you know that a big stagecoach passed here two hours ago. Tell me, how do you know?

His friend: It ran over my head.

45.

- ¿Con qué mano sueles limpiarte el trasero, con la derecha o con la izquierda?

- Con la izquierda.

- Yo uso papel higiénico.

limpiar - to clean

trasero - bum

45.

"Which hand do you clean your bum with, your left hand or your right hand?"

"My left hand."

"I use toilet paper."

46.

Profesor: - ¿Qué puedes decirme acerca de los grandes músicos del siglo XVIII?

Juan: - Que están todos muertos, señor.

un siglo - a century

46.

Teacher: What can you tell me about the great musicians of the Eighteenth Century?

Graham: They're all dead, sir.

47.

-Doctor, doctor, todo el mundo me ignora.

- ¡El siguiente, por favor!

47.

"Doctor, doctor, people keep ignoring me!"

"Next, please."

48.

- Camarero, he de decirle lo limpio que está su restaurante.

- Gracias, señor.

- Sí, hasta la sopa sabe a desinfectante.

48.

"Waiter, I must say how clean your restaurant is."

"Thank you, sir."

"Yes, even this soup tastes of disinfectant."

49.

Un policía vio a un director de escuela caminando por la calle con un pingüino.

- ¿De dónde ha sacado usted este pingüino? – le preguntó el policía.

- Lo encontré – respondió el director de escuela.

- ¡Llévelo al zoológico inmediatamente! – dijo el policía.

- De acuerdo – contestó el director de escuela.

Al día siguiente el policía vio al mismo director de escuela con el pingüino.

- Ayer le dije que llevara este pingüino al zoológico – dijo el policía.

- Lo hice – dijo el director de escuela – le gustó mucho y hoy le voy a llevar al cine.

49.

A policeman saw a headmaster walking along the road with a penguin.

"Where did you get that penguin?" asked the policeman.

"I found him," said the headmaster.

"Take him to the zoo immediately!" said the policeman.

"Okay," replied the headmaster.

The next day the policeman saw the same headmaster with the penguin. "I told you to take that penguin to the zoo yesterday," said the policeman.

"I did," said the headmaster. "He liked it and I'm taking him to the cinema today."

50.

Antes solía ser vanidoso, pero ahora soy perfecto.

vanidoso - conceited

50.

I used to be conceited, but now I'm perfect.

51.

Maestro: Disculpe director: ¿Es usted bueno en matemáticas?

Director: Si, pienso que sí.

Maestro: ¿Puede sumar esto? Un kilo de margarina, dos kilos de periódicos viejos y, cuatro kilos y medio de serrín. ¿Lo tiene todo en la cabeza?

Director: ¡Sí, sí!

Maestro: Eso era lo que pensaba yo.

sumar - to add up

serrín - sawdust

51.

Teacher: Excuse me, headmaster, are you good at mathematics?

Headmaster: I think so.

Teacher: Can you add these up? One kilo of margarine, two kilos of old newspaper, and four and a half kilos of sawdust. Okay, have you got all that in your head?

Headmaster: Yes! Yes!

Teacher: I thought so.

52.

Óptico: Necesita gafas.

Hombre: ¿Cómo lo sabe?

Óptico: Lo supe en cuanto pasó por la ventana.

Optician - óptico

52.

Optician: You need glasses.

Man: How do you know?

Optician: I knew as soon as you walked in through the window.

53.

Una emisora local de radio preguntó al embajador británico qué quería para Navidad. Él pensó: «No debo pedir algo demasiado caro, más bien algo sencillo», y dijo que deseaba un par de pantuflas y espuma de afeitar.

Cuando la emisora de radio emitió sus deseos se escuchó:

- El embajador francés desea paz y amor en el mundo. El embajador japonés desea el fin de toda guerra. El embajador británico desea un par de pantuflas y espuma de afeitar.

sencillo - simple

pantuflas - slippers

espuma de afeitar - shaving cream

paz - peace

53.

The British Ambassador in America was asked by the local radio station what he would like for Christmas. He thought to himself, I mustn't ask for anything too expensive, something simple would be better, so he said that he wanted a pair of slippers and some shaving cream.

When the radio station mentioned his wishes along with those of the French and Japanese Ambassadors, it went as follows.

"The French Ambassador would like peace and love in the world. The Japanese Ambassador would like an end to all wars. The British Ambassador would like a pair of slippers and some shaving cream."

54.

-Doctor, doctor, sigo creyendo que soy invisible.

- ¿Quién ha dicho eso?

54.

"Doctor, doctor, I keep thinking I'm invisible!"

"Who said that?"

55.

Una niña estaba invitada a la fiesta de cumpleaños de Hannah. Su madre le dijo: "No te olvides de darle las gracias a Hannah."

Cuando la niña volvió a casa, su madre le preguntó si le había dado las gracias a Hannah.

"No, no lo he hecho" dijo la niña.

"¿Por qué no?" le pregunto su madre.

"Bueno, la niña que estaba a mi lado le dio las gracias y Hannah dijo, "Ni se te ocurra" entonces no se las di.

55.

A little girl was going to Hannah's birthday party, so her mother said, "Don't forget to thank Hannah."

When the little girl came home, her mother asked her if she had said thank you to Hannah.

"No, I didn't," replied the little girl.

"Why not?" asked her mother.

"Well, the little girl in front of me said thank you and Hannah said, 'Don't mention it', so I didn't."

56.

Aviso en el Hospital: Si piensa que las enfermeras son malas debería ver a los médicos.

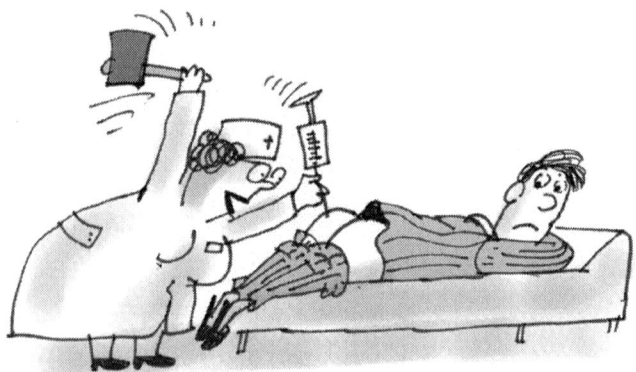

un aviso - a notice

56.

Notice in Hospital: If you think the nurses are bad
you should see the doctors.

57.

Mujer (en una estación de policía): - ¡Les ruego que me ayuden! He perdido a mi marido

Policía: - ¿Podría darnos una descripción de su marido, señora?

Mujer: - Bueno… mide 1,43 metros, pesa 95 kilos, tiene una enorme tripa, poco pelo, los dientes postizos y… ¡es igual, olvídalo!.

una tripa - a belly

dientes postizos - false teeth

57.

Woman: (In police station) Oh please, you must help me, I've lost my husband!

Policeman: Can you give us a description of your husband, madam?

Woman: Well, he's one metre forty three tall, he weighs 95 Kg, he has got a big belly, little hair, false teeth...oh forget it.

58.

Director de escuela: - ¿Es posible que los limones tengan alas?

Su mujer: - No.

Director de escuela: - ¡Oh no! ¡Acabo de exprimir el canario sobre mi tortita!

alas - wings

exprimir - to squeeze

canario – a canary

58.

Headmaster: Do lemons have wings?

Headmaster's wife: No.

Headmaster: Oh dear, I've just squeezed the canary over my pancake.

59.

Director de escuela (conduciendo): - ¿Hay alguien en este pueblo que tenga un perro con un collar blanco?

Su mujer: - No.

Director de escuela: - ¡Oh no! ¡Acabo de atropellar al vicario!

to run over – atropellar

collar de perro – a collar

59.

Headmaster: (While driving) Does anyone in this village have a dog with a white collar?

Headmaster's wife: No.

Headmaster: Oh dear. I've just run over the vicar.

60.

- ¿Por qué el príncipe Carlos de Inglaterra lleva un cinturón rojo, azul y blanco hecho de cuero inglés?

- Para sujetarse los pantalones.

un cinturón - a belt

60.

Why does Prince Charles wear a red, white and blue belt made of English leather?

To keep his trousers up.

61.

Padre (al hijo): - ¡Te he dicho un millón de veces que no exageres!

61.

Father to son, "I've told you a million times, don't exaggerate!"

62.

Joven (en el autobús): - Medio billete, por favor.

Conductor: - ¿Cuántos años tienes?

Joven: - Quince.

Conductor: - ¿Tienes alguna forma de acreditarlo?

Joven: - Mi permiso de conducir.

62.

Young man: (On bus) Half fare, please.

Bus driver: How old are you?

Young man: Fifteen.

Bus driver: Do you have any form of identification?

Young man: I've got my driving licence...

63.

Director de escuela: - He dejado de jugar.

Amigo: - No te creo.

Director de escuela: - Te apuesto cinco libras a que es verdad.

63.

Headmaster: I've stopped gambling.

Friend: I don't believe you.

Headmaster: I bet you five pounds that I have.

64.

Jardinero: Siempre pongo mucho estiércol de caballo sobre mi ruibarbo.

Amigo: Prefiero natillas.

estiércol de caballo - horse manure

ruibarbo - rhubarb

natillas - custard

64.

Gardener: I always put a lot of horse manure on my rhubarb.

Friend: I prefer custard.

65.

Un director de escuela entra en una tienda de animales.

Director de escuela: - Quisiera un loro, por favor.

Dependiente: - Desde luego, señor. Aquí tenemos un loro estupendo que canta como Elvis Presley.

Director de escuela: - Muy bien, pero ¿cuánto tiempo hay que cocerlo?

loro - parrot

65.

A headmaster went into a pet shop.

Headmaster: I'd like a parrot, please.

Assistant: Certainly, sir, this one is very beautiful and he sings like Elvis Presley.

Headmaster: Yes, but how long does he take to cook?

66.

- ¿Qué es blanco y no puede trepar por los árboles?

- No lo sé.

- Un frigorífico.

66.

"What's white and can't climb trees?"

"I don't know."

"A refrigerator."

67.

Nota en un camión de basura: Satisfacción garantizada, o le devolvemos su basura.

camión de basura - dust cart

67.

Sign on dust cart - Satisfaction guaranteed or your rubbish back!

68.

Un hombre en el aeropuerto: - Debería haber traído el piano.

Su mujer: - ¿Por qué?

El hombre: - Porque los billetes están dentro.

68.

Man: (At airport) We should have brought the piano.

Woman: Why?

Man: The tickets are on it.

69.

- Cuando Dios creó al hombre. Ella sólo estaba bromeando.

Ella sólo estaba bromeando - She was only having a joke

69.

When God made man, SHE was only having a joke.

70.

- ¿Por qué los elefantes son grandes, grises y rugosos?

- No lo sé.

- Porque si fueran pequeños, blancos y planos, serían aspirinas.

rugoso - wrinkled

70.

"Why are elephants big, grey and wrinkled?"

"I don't know."

"If they were small, smooth and white, they would be aspirins."

71.

- Camarero, camarero, ¿qué está haciendo esta mosca en mi helado?

- ¿Estará aprendiendo a esquiar, señor?

esquiar - to ski

71.

"Waiter, waiter, what's this fly doing on my ice cream?"

"Learning to ski sir?"

72.

Hombre en un garaje: Desearía medio litro de gasolina y una cucharada de aceite.

Mecánico: Por supuesto señor. ¿Desea que estornude en sus ruedas también?

estornudar - to sneeze

72.

Man in garage: I'd like half a pint of petrol and
a spoonful of oil.

Garage man: Certainly, sir, shall I sneeze in your
tyres as well?

73.

Un director de escuela fue al cine y compro una entrada. Cinco minutos después volvió hacia el cajero.

"¿Perdone, me puede vender otra entrada por favor?"

"¡Pero acabo de venderle una!"

"Si, lo sé pero esa idiota allí dentro acaba de romperla por la mitad."

romper por la mitad - to rip in half

73.

A headmaster went into a cinema and bought a ticket. Five minutes later he went back to the ticket seller.

"Excuse me, can I have another ticket, please?"

"But I've just sold you one!"

"Yes, I know, but that stupid girl over there has just ripped it in half."

74.

Me gusta hacer mis deberes

Me hace sentirme bien.

En clase, siempre hago lo que los maestros piensan que tengo que hacer.

De verdad me caen bien los directores.

Soy atento a lo que dicen.

También me caen bien los hombres vestidos de blanco que me están llevando.

74.

I like to do my homework

It makes me feel so good.

In school, I do always as my teachers think I should.

I really like headmasters.

I listen to what they say.

I even like the men in white that are taking me away.

75.

- ¿Cómo llamarías a un gorila con una ametralladora?

- ¡Capitán!

ametralladora - machine gun

75.

"What do you call a gorilla with a machine gun?"

"Sir!"

76.

- Doctor, ¡acabo de tragarme una oveja!

- ¿Y cómo se siente usted?

- Maaaaaaaaaal.

tragar = to swallow

oveja = sheep

76.

"Doctor, doctor, I've just swallowed a sheep!"

"How do you feel?"

"Baaaad."

77.

¿Qué obtienes si cruzas un caballo con un gato?

Historia Biológica.

cruzar - to cross

77.

What do you get if you cross a horse with a cat?

Biological history.

78.

- Quién tiene seis patas y come hierba?

- No sé.

- Un perro.

- Un perro no tiene seis patas.

- Tampoco come hierba, pero la pregunta habría sido muy fácil si no hubiera mentido.

78.

"What has got six legs and eats grass?"

"I don't know."

"A dog."

"A dog hasn't got six legs."

"It doesn't eat grass either, but the question would have been too easy if I hadn't lied."

79.

¿Qué tienen en común un pez de colores y un gato?

- No sé.

En que ninguno de los dos puede conducir un autobús.

Tener en común – to have in common

79.

"What have a goldfish and a cat got in common?"

"I don't know."

"Neither can drive a bus."

80.

Director: Quiero un billete de vuelta, por favor.

Cajero: ¿Vuelta hacia donde?

Director: ¡Hasta aquí, idiota!

80.

Headmaster: I'd like a return ticket, please.

Ticket man: Where to?

Headmaster: Back here, stupid!

81.

Dos hombres estaban paseando por la calle. De repente, uno de ellos se para:

- ¡Dios! ¡Allí están charlando mi mujer y mi amante!

- ¡Vaya por Dios! – dice el otro – yo iba a decir lo mismo.

un amante - a lover

¡Vaya por Dios! - good grief!

81.

Two men were walking along the road when one stopped. "My goodness! There's my wife and my lover talking to each other!"

"Good grief!" said the other. "I was going to say the same thing!"

82.

- Si tiraras una oveja blanca al mar Negro ¿cómo quedaría?

- No lo sé.

- Mojada

mojada - wet

82.

"If you throw a white sheep into the Black Sea, what does it become?"

"I don't know."

"Wet."

83.

Marido: ¿Qué pasa con el dinero que te doy para los gastos domésticos?

Mujer: Date la vuelta, mira en el espejo y lo entenderás.

dinero para los gastos domésticos - housekeeping money

un espejo - a mirror

83.

Husband: What happens to all the housekeeping money that I give you?

Wife: Turn sideways, look in the mirror and you'll know.

84.

Un hombre tenía problemas con su coche.
Afortunadamente vio a un director de escuela.

- Perdone – le dijo – tengo problemas con los
intermitentes. ¿Podría usted decirme si funcionan?

- Desde luego – dijo el director de escuela. – y se
fue a la parte de atrás del coche. – Ahora sí, ahora
no, ahora sí, ahora no…

intermitentes - indicators

84.

A man was having problems with his car. 'Luckily' he saw a headmaster. "Excuse me," said the man. "I'm having problems with my indicators. Can you tell me if they are working?"

"No problem!" said the headmaster and he went to the back of the car. "Yes, they are! No, they're not! Yes, no, yes...."

85.

Primera chica: - Anoche salí con Juan y he de decir que se comportó como un perfecto caballero.

Segunda chica: - Oh, sí, a mí también suele aburrirme.

aburrir - to bore

85.

First girl: I went out with John last night and he behaved like a perfect gentleman.

Second girl: Yes, he bores me as well.

86.

"Mi perro no tiene hocico."

"¿No tiene hocico? ¿Cómo huele?

"¡Terrible!"

86.

"My dog has got no nose."

"No nose? How does he smell?"

"Terrible!"

87.

Una asistenta social iba a visitar a una anciana todas las semanas. La abuelita era muy pobre, así que la asistenta social se quedó bastante sorprendida cuando ésta le hizo un regalo. Al llegar a casa desenvolvió el regalo y encontró una caja de nueces de Brasil peladas, que se comió con mucho gusto.

- Muchas gracias por las nueces – dijo en su siguiente visita a la abuelita – pero ¿está usted segura de que puede permitirse hacerme un regalo?

- Mi hermana siempre me regala nueces de Brasil cubiertas de chocolate, pero con mis dientes postizos lo único que puedo hacer es chupar el chocolate…

regalo - present

una caja de nueces de Brasil peladas - a box of shelled Brazil nuts

dientes postizos - false teeth

chupar - to suck

87.

A social worker visited an old lady every week. The old lady was quite poor, so the social worker was quite surprised when the old lady gave her a present. When she got home, she opened her present to find a box of shelled Brazil nuts. She enjoyed eating the nuts that evening.

"Thank you very much for the nuts," she said to the old lady on her next visit. "But can you really afford them?"

"Oh, my sister gave me some chocolate-coated Brazil nuts, but because of my false teeth, all I can do is suck the chocolate off."

88.

Una mujer se despertó por la noche y vio unos ladrones en su garaje. Llamó a la policía pero le dijeron que no había nadie disponible y que mandarían a alguien más tarde.

La mujer no se quedó satisfecha con esto y llamó a la policía unos minutos más tarde. "Hola, les he llamado hace unos minutos a sobre los ladrones en mi garaje. Ya no hace falta mandar a nadie porque acabo de matarlos de un tiro."

Dos minutos después, seis coches de policía y un helicóptero llegaron al lugar del crimen y detuvieron a los ladrones. "¿No dijo que había matado a los ladrones?" le preguntó un policía a la mujer.

"¿No dijo que nadie estaba disponible?"

un ladrón - a thief

estar disponible - to be available

un helicóptero - a helicopter

88.

A woman woke up one night to see some thieves moving around in her garage. She called the police but they said there was no one available and they would send someone around later.

The woman was not happy about this and she called the police a few minutes later. "Hello, I called you a few minutes ago about the thieves in my garage. You don't need to send anyone round as I've just shot them."

Two minutes later six police cars and a police helicopter arrived at the scene and arrested the thieves. "I thought you said you shot the thieves," a policeman asked the woman.

"I thought you said no one was available," said the woman.

89.

- Doctor, doctor, continuamente pienso que soy un perro.

- Mmm. Túmbese en el diván.

- No, me permiten subirme al diván.

89.

"Doctor, doctor, I keep thinking I'm a dog."

"Mmm, lie on the couch."

"I'm not allowed on the couch."

90.

- Camarero, camarero, esta sopa está fría.
Tráigame una caliente.

- ¡Sí claro! ¿Y quemarme yo los pulgares?

pulgares - thumbs

90.

"Waiter, this soup is cold. Bring me some hot soup!"

"What, and burn my thumbs!"

91.

Médico (al paciente):- Señor Jones, tengo buenas noticias y malas noticias para usted. ¿Cuáles quiere saber primero?

Señor Jones: - Las malas, doctor.

Médico:- Hemos tenido que amputarle los pies.

Señor Jones:- ¡Eso es terrible! ¿Y cuáles son las buenas?

Médico:- El hombre de aquella cama calza el mismo número que usted y dice que le haría feliz comprarle sus pantuflas.

91.

Doctor: (To patient) I have some good news and some bad news for you, Mr. Jones. Which would you like to hear first?

Mr Jones: The bad news first, doctor.

Doctor: We had to amputate your feet.

Mr Jones: That's terrible! What's the good news?

Doctor: The man in the bed over there has the same size feet as you and he said he would be happy to buy your slippers.

92.

- Doctor, doctor, todo el mundo habla mal de mí.

- Oh, cierre el pico y lárguese.

cierre el pico y lárguese - shut up and go away

92.

"Doctor, doctor, everyone says bad things to me."

"Oh shut up and go away!"

93.

Un director de escuela regreso del médico con aire muy triste.

"¿Qué pasa?" le pregunto su mujer.

"El médico me ha dado estas pastillas y me ha dicho que tengo que tomar una cada día por el resto de mi vida," dijo el director.

"No pasa nada" dijo su mujer. "Mucha gente tiene que tomarse medicación cada día."

"Si," dijo el director, "pero solo me ha dado diez pastillas."

pastillas - tablets

93.

A headmaster came home from the doctor looking very sad. "What's wrong?" asked his wife.

"The doctor gave me these tablets and he said I have to take one every day for the rest of my life," said the headmaster.

"There's nothing wrong with that," said his wife. "A lot of people have to take tablets every day."

"Yes," said the headmaster, "but he only gave me ten tablets."

94.

Un director de escuela comparecía ante el tribunal. Un policía le detuvo por montar en bicicleta en sentido opuesto en una autopista.

El juez: Esta usted acusado de montar en bicicleta en una autopista, tiene suerte de estar todavía en vida.

Director: No tanta. Soy un hombre religioso. Dios estaba conmigo.

El juez: Entonces está también acusado por estar dos personas en una misma bicicleta.

un tribunal - a court

un juez - a judge

estar acusado - to be charged

94.

A headmaster was in court. He had been seen by a policeman riding his bicycle the wrong way along the motorway.

The judge: You are charged with riding your bicycle on the motorway, you are lucky to be alive.

Headmaster: Not really. I am a religious man. God was with me!

The judge: You are also charged with riding two on a bicycle.

95.

- Doctor, doctor, sólo me quedan cincuenta y nueve segundos de vida.

- Espere un minuto, por favor.

95.

"Doctor, doctor, I only have 59 seconds to live!"

"Wait a minute please."

96.

El director del equipo Ingles de fútbol ha seleccionado un equipo que le parece que puede ganar la próxima copa del mundo.

Brasil.

seleccionar - to select

96.

The English football team manager has selected a team which he thinks will win the next world cup.

It's Brazil.

97.

Hombre romántico (por teléfono): - Te amaré siempre, por ti escalaría el monte más alto, por ti cruzaría nadando el océano más ancho...

Chica: - ¿Vienes a verme a mi casa esta noche?

Hombre romántico: - Sí, en cuanto deje de llover.

en cuanto deje de llover - when it stops raining

97.

Romantic man: (On telephone) I'll love you forever. I would climb the highest mountain for you. I would swim the widest ocean for you...

Girl: Are you coming to my house?

Romantic man: Yes, as soon as it stops raining.

98.

- ¿Cuántos directores de escuela hacen falta para darse una ducha?

- No sé.

- Cien.

- ¿Por qué cien?

- Uno para tomar la ducha y noventa y nueve para escupir.

una ducha – a shower

escupir - to spit

98.

"How many headmasters do you need to take a shower?"

"I don't know."

"One hundred."

"Why one hundred?"

"One to take the shower and ninety nine to spit."

99.

Un director de escuela visito a su amigo (otro director) el cual estaba golpeando caracoles contra un muro.

"¿Por qué tiras la mitad de ellos?" le pregunto.

"Las cabezas están al revés," contesto el segundo.

"¡No seas tonto!" contesto el primero. "Estos son para el otro lado del muro."

un caracol - a nail

tirar - to throw away

99.

A headmaster visited his friend (also a headmaster) who was banging nails into the wall. However, he threw half of the nails away.

"Why are you throwing half of them away?" asked the first headmaster.

"The heads are on the wrong end," answered the second.

"Don't be stupid!" said the first. "Those are for the other side of the wall."

100.

Un director de escuela estaba trabajando en una obra cuando trágicamente perdió una oreja en un accidente. Desgraciadamente no podía encontrar su oreja por el suelo.

- ¿Es ésta? – le preguntó un colega mostrándole una oreja.

- No – dijo el director de escuela – la mía tenía un lápiz detrás.

una obra – a building site

100.

A headmaster was working on a building site when tragically he lost an ear in an accident. Unfortunately, he couldn't find his ear on the ground. "Is this it?" said his workmate, holding up an ear.

"No," said the headmaster, "mine has got a pencil behind it."

If you enjoyed this book, please leave a review where you bought so that other people can enjoy it as well. You will also be supporting the writers, translators, cartoonists, audio artists and designers that produced this book. Thank you very much.

Look out for more joke books at:

gojokes.eu

Printed in Great Britain
by Amazon

16265068R00118